Estrategias De Day Trading

Aprende Las Herramientas Y Técnicas Clave Que Necesitas Para Tener Éxito En El Comercio De Acciones, Divisas, Opciones, Futuros, Criptomonedas Y ETF Con Información Privilegiada De Análisis Técnico Y Gestión De Riesgos.

Samuel Feron

Contenido

Introducción

Hace muchos años, los únicos que podían dedicarse al trading o comercio activo en bolsa eran los empleados de las grandes instituciones financieras, corredurías y casas de contratación. El comercio en línea y la transmisión inmediata de noticias han nivelado el campo de juego, ¿o deberíamos decir el trading? Los inversores minoristas pueden ahora intentar operar como profesionales con más facilidad que nunca gracias a plataformas como Robinhood, TD Ameritrade y Charles Schwab, con comisiones del 0% y aplicaciones de trading fáciles de usar.

Uno de los temas más polémicos en el mundo de la inversión es el day trading. Una larga lista de conocidos comentaristas sostiene ferozmente que el day trading en los mercados financieros es poco más que un juego de azar. Estos expertos sostienen fervientemente que la inversión a largo plazo suele superar a las estrategias de trading agresivas durante periodos prolongados.

El day trading se está popularizando gradualmente a medida que más personas se esfuerzan por conseguir la independencia financiera y la flexibilidad para vivir como deseen.

Aprender los matices de este vertiginoso entorno requiere tiempo y dedicación. Aun así, con los conocimientos adecuados y una planificación cuidadosa, puedes colocarte en una posición que te permita ganarte la vida fantásticamente.

El icono de la inversión Benjamin Graham, más conocido como el autor de El inversor inteligente, ha caracterizado el day trading como poco más que "especulación de alto riesgo a corto plazo". Sin embargo, ahora es más fácil que nunca para el inversor típico iniciarse en el day trading gracias al crecimiento de Internet y de las plataformas de inversión en línea que le han seguido.

Para ayudar a los nuevos inversores a aprender sobre el day trading, hemos creado una guía general para ayudarles a evitar algunas de las pérdidas que muchos operadores experimentan al principio de su carrera. Repasaremos los fundamentos de lo que se necesita para empezar a operar y los enfoques fundamentales que muchos nuevos operadores utilizan para sacar provecho de las oscilaciones diarias de los precios en los mercados financieros.

Profundizaremos en el mundo del day trading en este completo libro y te explicaremos qué es realmente y cómo puedes empezar.

1

Introducción al Day Trading

El day trading es uno de los métodos de trading más populares. La mayoría de los mercados financieros, incluidos los de acciones, divisas, materias primas y criptomonedas, tienen operadores diarios activos. Pero, ¿es una buena idea operar todos los días? ¿Cómo obtienen beneficios los day traders? ¿Quieres empezar a hacer day trading?

Lamentablemente, estas preguntas no tienen respuesta, pero este capítulo te aclarará lo que necesitas saber antes de empezar a hacer day trading.

¿Qué es el Day Trading?

El day trading es un tipo de método de trading en el que las posiciones se inician y se cierran en el mismo día. Este método también puede conocerse como negociación intradía, ya que las operaciones tienen lugar en el mismo día. Los operadores diarios intentan ganar dinero con las variaciones del precio de un instrumento financiero utilizando estrategias de negociación intradía.

La expresión "operador diario/day trader" procede del mercado bursátil, donde sólo se puede operar durante el horario laboral normal. Dado que su objetivo es beneficiarse de las oscilaciones de precios intradía, los operadores diarios nunca dejan posiciones abiertas durante la noche en esta situación.

Las ventajas del Day Trading

El day trading puede ser muy divertido. A continuación se enumeran varias ventajas del day trading que atraen a la gente a esta actividad.

Estrategias de trading/negociación

Puedes emplear varias estrategias de day trading en todos los mercados importantes. La ruptura, el seguimiento de la tendencia y la negociación contra tendencia (reversión de la media) son estrategias habituales en el day trading.

Cuando se opera una ruptura, los operadores intentan beneficiarse de la volatilidad inicial que sigue a la ruptura de un nivel técnico significativo, como un patrón gráfico.

Cuando los precios alcanzan niveles clave e inician órdenes pendientes, tienden a agruparse por encima y por debajo de esos niveles, lo que provoca un pico de impulso y volatilidad. Como las órdenes pendientes se convierten en órdenes de mercado una vez que el precio alcanza el nivel especificado previamente, las operaciones de ruptura también permiten a los operadores diarios establecer una orden pendiente para capturar una ruptura una vez que se produce.

Los patrones gráficos como los de cabeza y hombros, triángulos, dobles máximos y mínimos, triples máximos y mínimos, rectángulos, cuñas y banderas son indicadores técnicos comunes empleados por los operadores de ruptura. La volatilidad que sigue a una ruptura del precio por encima o por debajo de un canal, línea de tendencia, soporte horizontal o nivel de resistencia también puede ser utilizada por los operadores de ruptura en su beneficio. Como su nombre indica, los métodos de seguimiento de tendencias implican iniciar las operaciones del día hacia la tendencia intradiaria subyacente. Teniendo en cuenta su atractiva relación riesgo-recompensa y su elevada tasa de éxito, el seguimiento de la tendencia es sin duda el método de negociación más popular entre los operadores diarios.

Espera a que se complete la caída del precio (por ejemplo, hasta un nivel de Fibonacci intradía significativo) antes de abrir una operación en la dirección de la tendencia subyacente. A continuación, utiliza los patrones de velas para determinar cuándo continuará la tendencia.

Abrir operaciones opuestas a la tendencia subyacente es un componente de los métodos de negociación contra-tendencia. El objetivo de los operadores contra-tendencia es beneficiarse de las correcciones del mercado que siguen a una subida o caída prolongada y significativa. Sólo los day traders experimentados deberían emplear este método, ya que es ligeramente más arriesgado que las operaciones de ruptura y el seguimiento de tendencias.

Más oportunidades de negociación

El day trading ofrece muchas oportunidades de negociación cada día porque es un estilo de negociación razonablemente rápido.

Los operadores diarios utilizan principalmente periodos intradiarios, como los de 15 minutos, 30 minutos, 1 hora y 4 horas, para tomar decisiones. Esta es una de las principales ventajas de la operativa diaria, ya que estos plazos ofrecen muchas más posibilidades de negociación que los gráficos diarios o semanales de los operadores swing y de posición.

Recuerda, no obstante, que en los periodos más cortos suele haber más ruido en el mercado, lo que puede hacer que las pérdidas se acumulen rápidamente si tus límites de pérdidas son demasiado bajos. Intenta calibrar la volatilidad típica de los valores con los que operas (utilizando el indicador ATR, por ejemplo) y fija tus límites de pérdidas de forma adecuada para evitarlo.

No hay ninguna garantía de que un mayor número de oportunidades de negociación se traduzca en más beneficios. Cíñete siempre a tu estrategia de negociación y realiza únicamente operaciones que sean totalmente coherentes con ella. Ten cuidado de arriesgar sólo una pequeña parte de tu cuenta en cada operación, ya que la gestión del riesgo es importante para el éxito de los operadores diarios.

Evaluación del rendimiento

Dado que el day trading implica abrir y cerrar operaciones el mismo día de negociación, los resultados diarios se obtienen muy rápidamente. El day trading permite a los operadores saber si están ganando o perdiendo dinero diariamente.

En los métodos de negociación a más largo plazo, los operadores suelen encontrarse con fluctuaciones desfavorables de los precios. Para soportar estas oscilaciones, los operadores necesitan una cuenta de trading más grande y mucha paciencia y disciplina para persistir en sus operaciones incluso cuando las cosas se ponen feas. Crea y mantén un cuaderno de operaciones con todas las operaciones que realices a diario para hacer un seguimiento del progreso. Así podrás supervisar los progresos y buscar las tendencias comerciales que a menudo reducen tus ganancias o provocan pérdidas evitables.

Reacción exagerada a las noticias

La mayoría de los operadores de los mercados son humanos, y las personas tienen tendencia a reaccionar de forma exagerada ante las noticias. Por esta razón, incluso cuando una noticia concreta resulta ser algo intrascendente para los mercados, se producirán cambios significativos en los precios. Tú puedes beneficiarte más como day trader si aprovechas ese comportamiento.

La cantidad real no es crucial a la hora de operar con las noticias, que es lo más importante que hay que entender. Lo importante es cómo se compara la cifra real con la prevista. Es probable que el valor del dólar estadounidense se vea afectado significativamente si, por ejemplo, las nóminas no agrícolas de EE.UU. se sitúan en 200.000 cuando los mercados esperaban un aumento de sólo 120.000 puestos.

Configuraciones técnicas

El day trading es una estrategia a corto plazo muy influida por los niveles técnicos. El énfasis se desplaza de los niveles técnicos a los fundamentales a medida que se alarga el periodo de negociación. Los cambios de precios pueden deberse al ruido del mercado a muy corto plazo. La inversión de medias adquiere importancia a medio plazo, y los cambios y tendencias de los fundamentales a largo plazo producen tendencias en el valor subyacente.

Trata de combinar varias herramientas técnicas cuando utilices el análisis técnico para el day trading, y sólo entra en una operación una vez que la mayoría, o todas las herramientas confirmen una configuración. Otro nombre para esto es convergencia de niveles técnicos.

Desventajas del Day Trading

Ser day trader tiene varias ventajas. Sin embargo, también tiene algunos aspectos negativos. A continuación se enumeran los principales inconvenientes del day trading.

Aumento de los costes comerciales

Tus gastos de negociación serán más elevados si operas diariamente que si lo haces en posiciones o en operaciones swing. Elige un corredor con diferenciales estrechos y costes de negociación baratos, porque el day trading requiere abrir más operaciones durante el día.

Algunos corredores ofrecen diferenciales preestablecidos, lo que puede resultar atractivo para los operadores que desean hacer coincidir sus operaciones con la publicación de noticias importantes, minimizando al mismo tiempo los gastos de negociación. Si tienes la intención de operar con informes de mercado significativos, debes saber que los comunicados de prensa a menudo dan lugar a una alta volatilidad del mercado, deslizamiento y mayores gastos de negociación. Estos gastos pueden acumularse rápidamente con el tiempo y reducir tus beneficios.

Potencial de beneficio limitado

El day trading tiene un potencial de beneficios menor que las operaciones swing, ya que los operadores diarios mantienen sus operaciones durante periodos más cortos y basan sus decisiones en plazos más breves. Además, los operadores cierran sus posiciones al cierre de las operaciones, independientemente de los beneficios. Las recompensas potenciales de las operaciones prometedoras son limitadas, aunque este método elimina el riesgo nocturno.

Riesgo de apalancamiento excesivo en tus operaciones

En la mayoría de los mercados, las fluctuaciones diarias son mínimas. Por ello, los operadores diarios utilizan niveles de apalancamiento más elevados para maximizar los beneficios y sacar provecho de las variaciones mínimas de los precios. Aunque puede resultar bastante eficaz, los operadores que apalancan en exceso sus operaciones corren el riesgo de sufrir mayores pérdidas.

Dado que tiene dos caras, el apalancamiento sólo debe emplearse en función de tu estrategia de negociación. Debe desarrollarse una estrategia precisa de gestión del riesgo para limitar tu apalancamiento o riesgo en cada operación, con el fin de eliminar la posibilidad de fracaso (es decir, hacer saltar por los aires tu cuenta).

Ruido en el mercado

Cuanto más corto sea el plazo en el que operes, más ruido habrá en el mercado. El ruido del mercado es el comportamiento caótico e impredecible de los precios sin apoyo técnico ni noticias relevantes.

El ruido del mercado es un serio desafío para los operadores a corto plazo, y la única forma de evitar que ser detenido demasiado pronto es ampliar tu umbral de limitación de pérdidas. Fíjate en la volatilidad histórica del par, y trata de situar tu stop-loss por encima o por debajo de los niveles recientes de soporte y resistencia para dar margen de movimiento al mercado.

Establecer expectativas realistas

Quienes intentan ganarse la vida o complementar sus ingresos pueden encontrar en el day trading una opción factible. Sin embargo, es fundamental tener expectativas razonables y ser consciente de los riesgos asociados. En esta sección se explica cómo tener expectativas razonables de éxito en el day trading.

Reconocer los riesgos asociados

El day trading implica comprar y vender valores el mismo día, a menudo en pocos minutos u horas. Supone un riesgo importante de perder dinero a pesar de la posibilidad de obtener grandes beneficios. Antes de dedicarse al day trading, es fundamental comprender los riesgos potenciales.

La volatilidad del mercado, que puede dar lugar a variaciones bruscas y graves de los precios, es uno de los principales riesgos. Noticias o acontecimientos inesperados, como acontecimientos políticos o catástrofes naturales, también pueden afectar al mercado. Otro riesgo es no poder vender ciertos activos con rapidez y equidad debido a la insuficiente liquidez del mercado.

Para reducir los riesgos, es fundamental conocer a fondo el mercado y los activos con los que se opera. También se aconseja empezar con una pequeña suma de dinero e ir aumentándola gradualmente a medida que se adquieren conocimientos y confianza.

Establecer metas y objetivos específicos

En el trading diario, es esencial tener ciertas metas y objetivos. Te permitirán medir tu éxito y tus progresos, y te mantendrán motivado y centrado. Antes de empezar a operar, piensa en tus objetivos y fíjate metas alcanzables.

Debes fijarte metas y objetivos SMART (específicos, medibles, alcanzables, relevantes y con un plazo determinado). Por ejemplo, tu objetivo puede ser aumentar tu tasa de éxito en un porcentaje específico o ganar cierta cantidad de dinero cada mes.

Es fundamental contar con una estrategia para alcanzar tus objetivos. Esto podría implicar la creación de un plan de negociación, una estrategia y un registro para anotar tus progresos.

Crear una estrategia de negociación

A la hora de comprar y vender acciones, hay que seguir una serie de normas y reglas que se conocen como estrategia de negociación. Ayuda a tomar decisiones y evita las operaciones emocionales. Crear una estrategia de negociación lleva tiempo y trabajo, pero el éxito en la negociación diaria depende de ello.

Puedes emplear varias estrategias de negociación en función de tus objetivos, tolerancia al riesgo y estilo de negociación.

El seguimiento de tendencias, la negociación por rangos y las rupturas son algunas de las estrategias más populares.

Asegúrate de que la estrategia que elijas sea compatible con tus objetivos, tu nivel de tolerancia al riesgo y tu estilo de negociación. Antes de operar con dinero real, prueba tu estrategia en una cuenta de demostración.

Gestionar las finanzas y los riesgos

El day trading requiere tanto una gestión eficaz del riesgo como una buena gestión monetaria. Ayudan a preservar el capital y a evitar pérdidas.

Un método de gestión del riesgo consiste en establecer órdenes de stop-loss, que ponen fin instantáneamente a una operación cuando se alcanza un nivel de precios específico. Si el mercado se vuelve en tu contra, esto te ayuda a reducir tus pérdidas.

Gestionar el capital y los gastos forma parte de la gestión financiera. Es fundamental establecer un presupuesto y ceñirse a él, abstenerse de operar en exceso y limitar la exposición a determinados valores.

Mejora y aprendizaje constantes

El day trading requiere aprendizaje y desarrollo continuos. Debes estar al día de los avances y tendencias más recientes, porque el mercado evoluciona continuamente. La lectura de noticias y análisis, la asistencia a clases y seminarios y el aprendizaje de otros operadores forman parte de este proceso.

Además, debes evaluar constantemente los resultados de tus operaciones y modificar tu planteamiento y plan en caso de que sea necesario. Llevando un registro, podrás descubrir tus habilidades y puntos débiles y controlar tu evolución a lo largo del tiempo.

En conclusión, el day trading puede ser lucrativo, pero es fundamental fijar objetivos razonables y comprender los riesgos que conlleva. Puedes maximizar tus probabilidades de éxito en el day trading siendo consciente de los riesgos, definiendo objetivos específicos, creando una estrategia de trading, controlando el riesgo y el dinero, y aprendiendo y evolucionando constantemente. Recuerda que la disciplina, la paciencia y el esfuerzo son esenciales para tener éxito en el day trading.

2

Entender el mercado financiero y sus participantes

El término "mercado financiero" se refiere a cualquier mercado en el que se negocien valores, incluidos el mercado de valores, el mercado de bonos, el mercado de divisas y el mercado de derivados, entre otros. Las economías capitalistas no pueden funcionar bien sin mercados financieros.

Los mercados financieros asignan recursos y proporcionan liquidez a empresas y empresarios, algo esencial para el buen funcionamiento de las economías capitalistas. Los mercados facilitan a compradores y vendedores la negociación de participaciones financieras. Los mercados financieros desarrollan productos de valores que dan un rendimiento a los inversores y prestamistas que tienen dinero extra y ponen ese dinero a disposición de los prestatarios que lo necesitan.

El mercado de valores es un tipo de mercado financiero. Los mercados financieros se crean mediante la compra y venta de diversos activos financieros como acciones, bonos, divisas y derivados. Los mercados financieros se basan principalmente en la transparencia informativa para garantizar precios eficientes y adecuados. El precio de mercado de los valores puede no reflejar con exactitud su valor subyacente debido a cuestiones macroeconómicas como la fiscalidad.

Mientras que algunos mercados financieros son pequeños e inactivos, otros, como la Bolsa de Nueva York (NYSE), negocian diariamente activos por valor de billones de dólares. El mercado de renta variable (acciones) es un tipo de mercado financiero en el que los inversores pueden comprar y vender acciones de empresas que cotizan en bolsa. El mercado primario de valores es donde se intercambian las nuevas emisiones de acciones, también conocidas como ofertas públicas iniciales (OPI). Cualquier negociación adicional de acciones tiene lugar en el mercado secundario, que permite a los inversores comprar y vender acciones que ya poseen.

Tipos de mercados financieros

Las características de los créditos financieros que se negocian y las exigencias de los distintos agentes del mercado determinan los distintos tipos de mercados financieros que existen. Podemos distinguir varios tipos de mercado según el tipo de instrumentos negociados y su vencimiento. A continuación se ofrece un desglose común:

Mercados bursátiles

El mercado bursátil es quizá el mercado financiero más extendido. Son lugares donde pueden realizar transacciones los compradores y vendedores de acciones que cotizan las empresas. Los mercados de valores, también conocidos como mercados de renta variable, son utilizados por las empresas para captar capital a través de una oferta pública inicial (OPI), tras lo cual las acciones se negocian entre diversos compradores y vendedores en un mercado conocido como mercado secundario.

Los mercados extrabursátiles (OTC) y las bolsas públicas como el Nasdaq y la Bolsa de Nueva York (NYSE) son dos lugares donde pueden intercambiarse acciones. Las bolsas reguladas, donde se produce la mayor parte de la negociación de valores, son importantes para la economía porque proporcionan una instantánea del estado de la economía en su conjunto y una fuente de plusvalías e ingresos por dividendos para los inversores, en particular los que tienen cuentas de jubilación como cuentas IRA y planes 401(k).

Los inversores, los operadores (minoristas e institucionales), los creadores de mercado (MM) y los especialistas que mantienen la liquidez y proporcionan mercados de dos caras son actores típicos del mercado de valores. Los agentes de bolsa son intermediarios imparciales que ayudan a vendedores y compradores a realizar transacciones, pero no tienen posiciones reales en acciones.

Mercados extrabursátiles

Un mercado extrabursátil (OTC) es un mercado descentralizado en el que los participantes realizan transacciones de valores sin intermediario, negociando en línea en lugar de en lugares físicos. La mayor parte de la negociación de valores se realiza a través de bolsas, mientras que los mercados OTC pueden gestionar la negociación de algunas acciones (por ejemplo, empresas más pequeñas o de mayor riesgo que no cumplen las normas de cotización de las bolsas). Sin embargo, algunos mercados de derivados son sólo OTC, lo que representa una parte importante de los mercados financieros. En general, los mercados OTC están mucho menos regulados, son menos líquidos y más opacos, al igual que las transacciones que se producen en ellos.

Mercados de bonos

Un bono es un activo en el que un inversor presta dinero a un tipo de interés fijo durante un tiempo predeterminado. Un bono puede considerarse como un acuerdo en el que se describen las condiciones del préstamo y los pagos entre el prestamista y el prestatario. Corporaciones, ciudades, estados y otras entidades soberanas emiten bonos para financiar operaciones y proyectos. Por ejemplo, los valores como pagarés emitidos por el Tesoro de EE.UU. se venden en el mercado de bonos. Los mercados de deuda, crédito o renta fija son otros nombres del mercado de bonos.

Mercados monetarios

Los mercados monetarios suelen negociar con valores a corto plazo de gran liquidez, con vencimientos inferiores a un año, y se distinguen por un tipo de interés relativamente bajo y un alto nivel de seguridad. Los mercados monetarios se caracterizan por un volumen considerable de operaciones entre instituciones y operadores al por mayor. Incluyen las cuentas del mercado monetario abiertas por clientes bancarios y los fondos de inversión adquiridos por inversores minoristas. Las personas también pueden participar en los mercados monetarios comprando certificados de depósito (CD) a corto plazo, bonos municipales o valores del Tesoro de EE.UU.. Los pagarés del Tesoro son un tipo de ejemplo.

Mercados de derivados

Un derivado es un contrato entre dos o más partes cuyo valor está predeterminado por un instrumento financiero subyacente (como un valor) o un grupo de activos (como un índice). Los derivados son valores secundarios cuyo valor está totalmente determinado por el valor del valor original al que están vinculados. Un derivado no tiene valor por sí mismo. En un mercado de derivados se negocian productos financieros complejos, como contratos de futuros y opciones, que obtienen su valor de valores subyacentes como bonos, materias primas, divisas, tipos de interés, índices bursátiles y acciones, en lugar de negociar directamente con valores de renta variable.

Los contratos de futuros se cotizan y venden en bolsas de futuros. Los mercados de futuros, que utilizan especificaciones contractuales normalizadas, están bien regulados y utilizan cámaras de compensación para liquidar y confirmar las operaciones, a diferencia de los mercados a plazo OTC. Al igual que las bolsas de valores, los mercados de opciones como el Chicago Board Options Exchange (CBOE) cotizan y supervisan los contratos de opciones. Los contratos sobre diversas clases de activos, como acciones, instrumentos de renta fija, materias primas, etc., pueden cotizarse en bolsas de futuros y opciones.

Mercado de divisas (Mercado Forex)

El mercado en el que los participantes pueden comprar, vender, cubrir y asumir riesgos sobre los tipos de cambio entre pares de divisas se conoce como mercado de divisas. El mercado de divisas es el activo más líquido a escala mundial, ya que el efectivo es el activo más líquido. Las transacciones diarias en el mercado de divisas superan los 7,5 billones de dólares, más que en los mercados de futuros y de valores.

El mercado de divisas está descentralizado y comprende una red mundial de ordenadores y corredores, al igual que los mercados OTC. Bancos, empresas comerciales, bancos centrales, empresas de gestión de activos, fondos de cobertura, pequeños operadores de divisas e inversores conforman el mercado de divisas.

Mercados de productos básicos

Productores y consumidores intercambian en los mercados de materias primas bienes físicos como productos agrícolas (maíz, ganado y soja), energéticos (petróleo, gas y créditos de carbono), metales preciosos (oro, plata y platino) o "blandos" (algodón, café y azúcar). Estos lugares, donde se negocian bienes tangibles a cambio de efectivo, se denominan mercados de materias primas al contado.

Sin embargo, la mayor parte de la negociación de estas materias primas tiene lugar en los mercados de derivados, que utilizan materias primas al contado como activos subyacentes. En todo el mundo, los contratos a plazo, futuros y opciones sobre materias primas se negocian en bolsas públicas como la Chicago Mercantile Exchange (CME) y la Intercontinental Exchange (ICE), así como en mercados extrabursátiles (OTC).

Mercados de criptomonedas

En los últimos años, se han creado criptomonedas -activos digitales descentralizados basados en la tecnología blockchain- como Bitcoin y Ethereum, que han experimentado un crecimiento sustancial. En la actualidad, varias bolsas de criptomonedas independientes en línea ofrecen cientos de fichas de criptomonedas para su negociación. Estas bolsas dan a los operadores acceso a carteras digitales para cambiar una criptomoneda por otra o por dinero fiduciario o fiat como euros o dólares.

Los usuarios corren el riesgo de sufrir piratería o fraude porque la mayoría de las bolsas de criptomonedas son plataformas centralizadas. Los intercambios descentralizados son los que funcionan sin una autoridad central. Estos intercambios permiten el comercio directo P2P (peer-to-peer) de monedas digitales sin necesidad de un organismo formal de intercambio para gestionar las transacciones. También se pueden negociar futuros y opciones de las criptomonedas más populares.

Principales participantes en el mercado

Los comerciantes, los corredores, los intermediarios financieros y tú y yo somos participantes importantes del mercado financiero. Todos desempeñan un papel diferente a la hora de facilitar el flujo de bienes, conocimientos y capital. Las transacciones financieras se simplifican, aceleran y hacen más seguras gracias a la existencia de estos agentes, lo que en última instancia aumenta la eficiencia. Es posible que tú realices transacciones financieras directas con tus amigos, como comprar un café o pedir dinero prestado para ver una película. Normalmente, se trata de pequeñas compras. Sin embargo, para transacciones más grandes o complejas se necesitan empresas financieras sofisticadas con recursos, conocimientos y redes. Los mercados de intermediarios y los mercados de distribuidores son las dos divisiones de los mercados secundarios. La principal diferencia entre estos dos mercados es la forma en que cada uno de ellos ejecuta las operaciones con valores.

Distribuidores

Los valores que compran o venden los intermediarios financieros son de su propiedad. Un intermediario negocia con su cartera cuando realiza una transacción financiera. Los intermediarios no participan en actividades de mercado del mismo modo que un inversor individual o institucional, que sólo intenta aumentar el valor de sus inversiones. En su lugar, los Dealers intentan "crear mercados", lo que se refiere a su disposición y capacidad para comprar y vender valores a los precios actuales de compra y venta. En lugar de ganar dinero con el rendimiento de los activos subyacentes, los intermediarios se benefician del volumen de negociación y de la diferencia entre su precio de oferta (el precio al que están dispuestos a comprar un valor) y su precio de demanda (el precio al que están dispuestos a vender un valor). Los intermediarios mejoran la liquidez y la eficiencia del mercado al estar constantemente dispuestos a comprar o vender. La Securities and Exchange Commission (SEC) tiene autoridad sobre los dealers en Estados Unidos. La rápida ejecución de las órdenes, la fijación de precios aceptables y la revelación de cualquier posible conflicto de intereses con los inversores están garantizadas por dicho control regulador de los dealers.

Brokers/Corredores

Los corredores actúan como facilitadores del mercado al poner en contacto a compradores y vendedores para realizar una transacción. Los corredores se diferencian de los intermediarios, que realizan compras y ventas a partir de su cartera de valores. Tradicionalmente, estas empresas y personas cobran una comisión por las ventas.

En el mundo de los corredores de bolsa, puedes tratar con un corredor económico o con un corredor de servicio completo, y las comisiones y los costes serían muy diferentes. Un corredor de descuento realiza operaciones en nombre de los clientes. Los clientes deben recurrir a los corredores porque las bolsas de valores necesitan miembros para aceptar órdenes. Los corredores de descuento o plataformas como Robinhood o E-deal pueden no cobrar comisiones o tarifas muy bajas por muchas ejecuciones de operaciones, aunque las bolsas pueden pagarles honorarios. Además, no ofrecen asesoramiento de inversión.

Los corredores de servicio completo prestan más servicios y pagan más que los corredores de oferta. Además de realizar transacciones, los corredores de servicio completo pueden ofrecer planificación de la jubilación, gestión de carteras y asesoramiento en inversiones.

Intermediarios financieros

Para facilitar y hacer más eficaces las transacciones entre las partes, un intermediario financiero, como un banco comercial o una sociedad de inversión en fondos de inversión, actúa como intermediario. Por ejemplo, un banco comercial ofrece préstamos a los prestatarios y capta depósitos de inversores y ahorradores. Una empresa de inversión combina el dinero de los inversores para comprar y gestionar de forma asequible carteras de acciones y bonos. Estos intercambios son diferentes de los que realiza un distribuidor o corredor. Los intermediarios pueden comprar o vender de sus carteras, y los corredores organizan las operaciones. Los intermediarios financieros, sin embargo, toman dinero de los inversores y pueden incluso producir un valor completamente nuevo. Tú no te ves afectado inmediatamente, por ejemplo, si el prestatario incumple un préstamo hipotecario concedido por el banco comercial donde tiene un certificado de depósito. Tu inversión sigue generando intereses de forma segura.

Normalmente, las instituciones financieras apoyan la intermediación financiera. Sin embargo, a veces no es necesario un intermediario financiero para que prestamistas y prestatarios inicien una transacción. Cuando esto ocurre de forma generalizada, se produce un proceso denominado desintermediación que puede tener efectos desastrosos en los mercados financieros. En los años 70, la inflación superaba el 10% anual, pero los bancos comerciales sólo podían ofrecer tipos de interés en las cuentas de ahorro del 5%. Como resultado, los inversores se dirigieron directamente a los valores del Tesoro y otros activos negociables a corto plazo, evitando los bancos y las asociaciones de ahorro y préstamo. El sector del ahorro y el préstamo quedó prácticamente disuelto debido a la escasez de fondos de depósito y a las acciones posteriores del sector, que dieron lugar a una considerable desregulación de la banca comercial y de inversión en Estados Unidos.

Una red sólida de intermediarios financieros tiene varias ventajas. Al disminuir los costes de transacción, mejoran la eficiencia del sistema financiero. Para reducir el fraude y los abusos financieros, recopilan y difunden información. Ofrecen economías de escala y conocimientos especializados. Por último, el funcionamiento de una economía capitalista depende de los intermediarios financieros.

3

Herramientas esenciales para el Day Trading

El error de novato de emplear las herramientas equivocadas es uno que cometen muchos nuevos operadores. Es fundamental utilizar las herramientas y el software adecuados. Mientras que un operador experimentado puede arreglárselas con una herramienta menos que ideal, los nuevos operadores necesitan todas las ventajas posibles.

Para ello, hay que asegurarse de contar con el mejor software de gráficos, análisis y negociación disponible.

A menudo hablo de mi intento de montar una bicicleta de carretera en la arena. No importa lo que cueste tu bicicleta de carretera, no podrás montarla en la arena.

Te lo pasarás en grande montando en una bicicleta de playa usada con neumáticos gordos que cuesta 200 dólares. El ciclista de la bicicleta de carretera se quedará perplejo al saber por qué vas más suave.

Es porque estás empleando las herramientas adecuadas para la situación. Utilizar las herramientas adecuadas es más importante que gastar mucho dinero. Utiliza las herramientas que te hagan la vida más fácil.

Elegir la plataforma de negociación adecuada

La Bolsa sigue atrayendo y fascinando al público. Para obtener mayores rendimientos, cada vez más gente recurre a ella. Sin embargo, la economía está mejorando, lo que hace subir el precio de las acciones. Así pues, ¿por qué no beneficiarse de los bienes bursátiles? Sin embargo, los inversores deben ser conscientes de algunos riesgos a la hora de comprar acciones.

No obstante, si has decidido empezar a invertir y quieres saber qué buscar en una plataforma de negociación fiable, sigue leyendo. Puedes utilizar estos seis pasos para seleccionar tu plataforma de negociación perfecta como nuevo inversor.

Conoce tus necesidades

Antes de hacer clic en los anuncios de corretaje, considera las características que necesitas de una plataforma de negociación por Internet. La respuesta variará considerablemente en función de tus objetivos de inversión y de dónde te encuentres a lo largo del arco de aprendizaje financiero.

Servicios como recursos educativos fundamentales, glosarios exhaustivos, acceso rápido al personal de apoyo y la posibilidad de realizar operaciones de práctica pueden ser necesarios antes de empezar con dinero real si te estás iniciando.

Evita intentar ser como los demás

No elijas nunca una plataforma de negociación sólo porque otros operadores la recomienden o la utilicen. Selecciona siempre una plataforma de negociación en línea en función de tus necesidades específicas.

Elige la mejor plataforma de negociación para ti analizando los datos, consultando con tu corredor y evaluando tu nivel de competencia.

Interfaz de usuario amigable

Examina la plataforma de negociación para ver si te gusta la superposición. Si la respuesta es "No", deberías considerar opciones alternativas. Debes aprender a utilizar eficazmente cualquier plataforma de negociación en línea.

Cuando abras el sitio web, debes ser capaz de entender los iconos y las opciones básicas.

Oferta de productos y funciones adicionales

Tu entorno de negociación en línea ideal debe ser compatible con tu entorno de negociación actual. Para los principiantes, suele ser mejor empezar con algo más sencillo para que puedan aprender rápidamente. Tu plataforma debe ofrecerte todo lo que necesitas para mejorar.

En consecuencia, es crucial conseguir una plataforma de negociación con una sólida línea de productos.

Cimientos estables

Uno de los elementos más cruciales en el trading es la estabilidad. El rendimiento de una plataforma debe garantizar su fiabilidad y eficacia. Este es uno de los elementos más importantes del trading.

Estructura de tarifas claramente definida

Aunque puede haber otras consideraciones más importantes que las comisiones, debes saber cuánto vas a gastar para utilizar cualquier plataforma de negociación.

Una pequeña prima puede ser apropiada para algunas plataformas que ofrecen capacidades y ofertas que sus competidores de menor precio no ofrecen.

En términos generales, sería beneficioso intentar perder la menor parte posible de tus ganancias de inversión en comisiones de negociación y gastos de contabilidad.

Con un poco de estudio, podrás determinar rápidamente qué plataformas en línea son incompatibles con el tipo de comercio que te interesa y cuáles son demasiado caras para estudiarlas.

Otras cosas a tener en cuenta a la hora de elegir tu software de day trading

La mayoría de los corredores ofrecen software de negociación como plataforma de ayuda para el análisis de las operaciones y la ejecución de órdenes. En esencia, el software proporciona herramientas para realizar análisis tanto técnicos como fundamentales. Se proporcionan gráficos y otras herramientas.

Además, ofrece un canal de comunicación entre el day trader y el broker. Como resultado, cuando un operador pulsa el botón de compra o venta, se genera un canal de comunicación que da instrucciones al broker para que lleve a cabo la operación.

Mientras seas cliente de la empresa, el software de negociación suele ser gratuito. Incluso algunas plataformas son gratuitas. Con MT4 y MT5, por ejemplo, puedes descargar rápidamente el programa en línea y abrir una cuenta de demostración.

Existen varios tipos de software de negociación. Algunos son programas descargables para Windows, Linux y Mac, mientras que otros son plataformas sólo para móviles.

No todos los sistemas son iguales. Algunos de ellos se crearon especialmente para el trading diario. Puedes tomar decisiones en fracciones de segundo con la ayuda de las capacidades que ofrecen estos sistemas. Hay que tener en cuenta varias características de un sistema de trading.

1. ¿Es estable el sistema?

Aunque muchos operadores creen que la velocidad es más importante, la estabilidad de un sistema de negociación es probablemente el factor más importante. Dado que algunos sistemas sufren periodos de inactividad prolongados, las cotizaciones y ejecuciones deben ser fiables y estables.

Para estar conectado al mercado y aprovechar cualquier oportunidad que pueda surgir, debes asegurarte de disponer del mayor tiempo de negociación posible.

2. ¿Cómo de rápido es el sistema?

La velocidad de un sistema de negociación es crucial (siempre que sea estable). Cuando detectas una fantástica oportunidad de negociación, quieres estar seguro de que puedes capitalizarla plenamente.

Quieres asegurarte de que puedes ser el primer operador en ejecutar la operación, porque no serás el único que vea esa oportunidad. La velocidad es crucial tanto para detectar la operación como para realizarla. Por lo tanto, asegúrate de que el sistema que utilizas es realmente rápido.

3. ¿Existen gráficos de acciones en el sistema?

Para un operador, los gráficos de valores son cruciales. Sirven como método de seguimiento de las transacciones anteriores de una acción. Con una buena aplicación de gráficos, puedes realizar muchos análisis técnicos de una acción.

Estos estudios te permitirán detectar tendencias en el comportamiento histórico de las operaciones bursátiles. Los patrones históricos de las acciones deberían ayudar a los operadores diarios a identificar posibles oportunidades de negociación en el futuro.

4. ¿Es competente el personal de atención al cliente de la plataforma de trading?

Un operador puede necesitar ayuda del proveedor de su plataforma por dos motivos. La primera es que siempre hay problemas, por muy fiable que sea una plataforma de negociación.

Estos problemas pueden estar relacionados con el mercado de valores o con la red que conecta el sistema de negociación.

Un grupo de asistencia capaz puede garantizar que se le informe puntualmente de todos los problemas.

Una plataforma de negociación sólida incluirá muchas características que un operador puede utilizar, que es el segundo factor. Un grupo de apoyo sólido podrá instruir a un operador sobre cómo utilizar las herramientas y explicárselas. Un operador debe tener en cuenta estos factores a la hora de elegir una plataforma para operar durante el día.

Introducción a los Indicadores y Osciladores de Trading

La posición o el estado de un activo financiero puede determinarse utilizando osciladores, que son indicadores significativos. Estos indicadores, como su nombre indica, suelen oscilar entre dos puntos.

Se suelen utilizar para detectar condiciones de sobrecompra y sobreventa. Los operadores también los utilizan para validar tendencias. En esta sección examinaremos algunos de los principales osciladores disponibles para operar.

MACD

Algunos de los mejores indicadores del mercado son las medias móviles. Los operadores diarios los utilizan sobre todo para seguir tendencias y detectar retrocesos del mercado. El indicador MACD transforma dos medias móviles en un oscilador.

Para ello, deduce la media móvil más larga de la más corta. La media móvil más corta suele ser 9, y la más larga, 26. Cuando se aplica a un gráfico, el indicador tiene dos líneas que fluyen y un nivel neutro.

El MACD tiene numerosas aplicaciones. Se puede utilizar, por ejemplo, para operar con retrocesos. Normalmente, esto ocurre cuando las dos medias móviles se cruzan en dirección alcista o bajista.

También se puede utilizar para negociar divergencias. Cuando un activo sube mientras el MACD tiende lentamente a la baja, esto se conoce como divergencia.

Como ya se ha dicho, seguir la tendencia es otra forma de emplear el MACD. Mientras las dos líneas se muevan al alza, su precio a menudo continuará subiendo.

RSI, o Índice de Fuerza Relativa

Uno de los osciladores más utilizados en el mercado es el Índice de Fuerza Relativa (RSI). Se trata de un conocido indicador elaborado por J. Welles Wilder, un reputado experto que también desarrolló el Índice Direccional Medio (ADX) y el Rango Medio Real (ATR), entre otros indicadores.

El RSI mide la rapidez y frecuencia con que cambian los precios en el mercado bursátil. Se calcula determinando en primer lugar la fuerza relativa de un activo y sumando después 1. A continuación, se resta la cantidad total por 100, y el resultado se divide por 100.

Los operadores pueden utilizar el RSI de varias formas. Por ejemplo, la aplicación más común del indicador es detectar niveles de sobrecompra y sobreventa. El nivel de sobreventa es 30, mientras que el nivel básico de sobrecompra es 70.

El RSI también puede utilizarse para seguir tendencias. Mientras el RSI se mueva al alza, el precio del activo seguirá subiendo. Mientras el RSI se mueva a la baja, reiniciará su tendencia bajista.

Oscilador estocástico

George Lane creó el popular indicador conocido como oscilador estocástico. A menudo muestra dónde estuvo el cierre con el rango alto-bajo para un período específico. El indicador tiene dos líneas que fluyen marcadas con los símbolos %K y %D. Además, está 80 y 20, respectivamente, por encima de sus marcas de sobrecompra y sobreventa.

El oscilador estocástico es más eficaz para los operadores diarios cuando un activo financiero está en tendencia o es volátil. Al igual que otros osciladores, es relativamente difícil de emplear en mercados oscilantes (para los mercados oscilantes tenemos varias estrategias).

Comprar cuando el indicador está muy sobrevendido y vender cuando está excesivamente sobrecomprado son dos estrategias para utilizar el indicador. Puede utilizarse para detectar divergencias y retrocesos.

CM u Oscilador de Momento de Chande

Otra indicación bastante apreciada por los operadores es el Oscilador de Momento de Chande. La ausencia de niveles de sobrecompra y sobreventa lo diferencia del índice de fuerza relativa y del estocástico. En su lugar, emite la señal por una línea de flujo que es neutral.

El indicador se determina restando los cierres del total de todos los cierres más bajos recientes. La respuesta se multiplica por 100 y se divide por la cantidad total de cambio de precio.

El Oscilador de Momento de Chande determina cuándo un rally o una tendencia bajista ha llegado a su límite. Dado que normalmente continuará subiendo mientras el precio crezca, también puedes utilizarlo en el seguimiento de tendencias. Otra alternativa es utilizarlo para buscar divergencias.

Índice del Canal de Materias Primas (CCI)

Donald Lambert creó el indicador CCI en la década de 1970. El mercado de materias primas fue el área de atención inicial de su indicador. En la actualidad, el indicador CCI se utiliza para operar en diversos mercados, incluidos los de renta fija y renta variable. El indicador identifica principalmente extremos o niveles de sobrecompra y sobreventa.

Compara el nivel de precios actual con la media general durante el periodo especificado. Por lo tanto, el CCI es más alto cuando el precio es superior a su media.

Indicador DeMarker

Tom DeMark creó el indicador DeMarker en la década de 1970. En términos comparativos, su cálculo difiere de otras métricas.

Para empezar, no se preocupa por el precio de cierre de un activo. En su lugar, se concentra en los máximos y mínimos dentro del intervalo. En un gráfico, el máximo y el mínimo de la barra más reciente se comparan con los de la barra anterior.

El indicador es similar al Índice de Fuerza Relativa (RSI) porque tiene una línea y valores de sobrecompra y sobreventa. Los operadores pueden utilizarlo de forma similar al RSI.

Oscilador Asombroso

Un indicador muy apreciado que contrasta las fluctuaciones recientes del mercado con los movimientos históricos del mercado se llama Oscilador Asombroso (AO). Presenta una secuencia de barras verdes y rojas, junto con un nivel neutral. Las barras rojas indican un descenso de los precios, mientras que las verdes indican un aumento.

La media móvil simple de 34 periodos de los precios medios genera el indicador. Después, se deduce de una SMA de cinco periodos de las medianas de los precios.

Tanto los operadores diarios como los inversores a largo plazo emplean osciladores como indicadores cruciales. Para aprovechar al máximo el potencial de estos indicadores y evitar señales falsas, se aconseja utilizarlos con otros indicadores como las medias móviles y las bandas de Bollinger.

4

Análisis técnico - Patrones gráficos y análisis de tendencias

El análisis técnico examina los datos históricos del mercado para predecir los próximos movimientos de los precios. Junto con el análisis fundamental, esta metodología se considera un subconjunto del análisis de valores. Y lo que es más importante, diversos métodos y mercados, como el day trading en divisas, criptodivisas, petróleo y otras materias primas, pueden beneficiarse del uso del análisis técnico. Con cualquier grado de experiencia, desde principiante a experto, puedes utilizarlo. En este capítulo, examinaremos el uso del análisis técnico en el day trading.

Explicación del análisis técnico

El análisis técnico utiliza diversos gráficos, indicadores y otras herramientas para analizar el comportamiento pasado del mercado y la actividad de los precios, con el fin de ayudar a los inversores a identificar posibles oportunidades de trading en el futuro.

El análisis fundamental, en cambio, puede utilizarse tanto en contextos macroeconómicos como microeconómicos. La evaluación de ingresos, costes, beneficios, activos, pasivos, estructura de capital y factores "blandos" (calidad del equipo directivo, posición competitiva) se incluyen en el análisis fundamental a nivel microeconómico.

El estudio o la previsión del crecimiento económico, la inflación, los ciclos crediticios, las tendencias de los tipos de interés, los flujos de capital entre países, el uso de la mano de obra y los recursos, y su carácter cíclico se incluyen en el análisis fundamental a nivel macroeconómico. También contiene estadísticas "blandas", como las encuestas de actitud o confianza, las cuestiones geopolíticas, las políticas y el comportamiento de los bancos centrales y los políticos, las tendencias de los consumidores y las empresas, y los cambios demográficos.

Algunos operadores pueden centrarse en uno solo, mientras que otros pueden utilizar ambos para orientar sus decisiones de negociación e inversión.

Hoy en día, la mayoría de los grandes bancos y agencias de valores cuentan con departamentos de análisis fundamental y técnico. En general, es probable que los resultados de las operaciones sean mejores cuanta más información de alta calidad consuman para aumentar sus posibilidades de acertar.

A los analistas técnicos se les suele llamar chartistas porque utilizan gráficos que muestran datos de precios y volúmenes para detectar tendencias y pautas al examinar valores. El soporte, la resistencia, las líneas de tendencia, los patrones de velas (como los retrocesos, cabeza y hombros), las medias móviles y los indicadores técnicos son algunos ejemplos de patrones de precios.

Hipótesis en el análisis técnico

La mayoría de los operadores e inversores tienden a inclinarse por uno u otro bando o, como mínimo, confían mucho más en uno de ellos a la hora de tomar decisiones comerciales, aunque algunos utilizan tanto el análisis fundamental como el técnico.

Los analistas técnicos confían en la metodología debido a dos supuestos fundamentales: Los precios, el volumen y la volatilidad suelen seguir tendencias separadas, y la historia de los precios tiende a ser cíclica.

Examinemos ambos...

Ciclos en el mercado

La naturaleza humana es cíclica, lo que explica por qué la historia de los mercados suele repetirse. Aunque los acontecimientos no siempre siguen el mismo orden, existen patrones comunes. Pueden manifestarse como comportamiento de los precios a largo o a corto plazo.

Los ciclos económicos son propensos a repetirse a largo plazo porque el crédito se dispara cuando la deuda aumenta de forma insostenible por encima de los ingresos durante un tiempo y, finalmente, provoca dificultades financieras cuando el dinero es insuficiente. Esto suele provocar que las acciones y otras actividades "de riesgo" (como el carry trading) suban gradualmente con el tiempo durante una fase alcista y caigan en picado durante una recesión.

Según los técnicos, los agentes del mercado muestran un comportamiento colectivo y predecible, lo que les lleva a reproducir comportamientos pasados. Si una pauta se repite, puede identificarse analizando los datos anteriores de volumen y precios y utilizarse para predecir las tendencias futuras de los precios. En esencia, los operadores pueden encontrar operaciones en las que la relación riesgo/recompensa les favorezca si son capaces de detectar situaciones en las que es probable que el comportamiento se repita.

Como resultado, el análisis técnico asume implícitamente que el precio de un mercado descarta toda la información que afecta a ese mercado. En cambio, el análisis técnico se concentrará en identificar las tendencias de los precios y el grado en que los participantes en el mercado valoran determinada información. Los acontecimientos fundamentales, como las noticias y los datos económicos, influyen en los mercados financieros.

Por ejemplo, al ver cómo responden los precios de los activos inmediatamente después de que se publiquen los datos de inflación del IPC de EE.UU. que son una décima de porcentaje superiores a lo previsto por el mercado antes de la publicación de la noticia, podemos determinar lo sensible que es el mercado a esa información.

Podemos comprender en qué medida afectan los datos económicos a determinados mercados si los futuros de las acciones estadounidenses disminuyen un X%, el índice del dólar estadounidense sube un Y% y el rendimiento del Tesoro estadounidense a 10 años aumenta un Z%. Para las pruebas de tensión como tipo de gestión del riesgo, puede ser útil conocer ciertas sensibilidades. Podemos utilizar puntos de datos relacionados con lecturas inesperadas de la inflación para estimar cómo podría verse afectada la cartera, por ejemplo, si la inflación aumentara inesperadamente un 1%.

La relación entre precio, volumen y volatilidad es divergente

Otra presunción subyacente del análisis técnico es que los precios no se mueven siguiendo un "camino aleatorio" ni ninguna otra pauta discernible o lógica. Esta presunción se aplica a todos los análisis de valores en general. En cambio, sigue pautas que pueden explicarse y son predecibles.

Al examinar el soporte y la resistencia en el contexto de la tendencia, podemos observar cómo se utilizó el análisis técnico observando un gráfico de EUR/USD desde mediados de 2013 hasta mediados de 2017. Los analistas técnicos podrían haber realizado apuestas cortas sobre un retroceso a niveles de resistencia en el contexto de la tendencia bajista después de que el euro comenzara a depreciarse frente al dólar estadounidense debido a una divergencia en la política monetaria a mediados de 2014.

Un técnico podría haber optado por jugar el rango una vez que la tendencia se desvaneció y el mercado entró en un periodo de consolidación y comenzó a tomar apuestas largas en niveles de soporte mientras cerraba cualquier posición corta abierta.

Enfoques analíticos

El análisis técnico puede abordarse de diversas maneras. La técnica más sencilla consiste en utilizar un gráfico de precios de velas estándar, que muestra la dinámica de los precios a lo largo del tiempo y las tendencias de compra y venta.

Otros inversores utilizan un gráfico de precios con indicadores técnicos o técnicas de análisis técnico más especializadas, como los armónicos o la teoría de las ondas de Elliott, para obtener ideas de inversión. Algunos combinan elementos de numerosas técnicas. Los operadores deben evitar la idea de la "sobrecarga de información", es decir, saturar los gráficos con demasiados indicadores y líneas, para preservar su capacidad de interpretar los gráficos.

Para aumentar la objetividad de las operaciones y evitar que los prejuicios emocionales perjudiquen el rendimiento, otros sólo realizan operaciones cuando se aplica uniformemente un conjunto de reglas.

Tipos de gráficos

Velas

El tipo de gráfico más extendido en el software actual son los gráficos de velas. Las velas alcistas suelen representarse con velas verdes (u ocasionalmente blancas) cuando el precio actual supera el precio de salida. Para las velas bajistas, en las que el precio actual es inferior al de apertura, es habitual el rojo (u ocasionalmente el negro).

Muestra la diferencia entre los precios máximo y mínimo (el cuerpo de la vela) y el rango diario general (la parte superior e inferior de la mecha).

Open-High Low-Close (Apertura-alta Cierre-bajo)

Un gráfico de velas se parece a un gráfico de barras, a menudo un gráfico de apertura-alta-cierre-bajo. En cambio, las marcas horizontales indican la diferencia de precio entre la apertura y el cierre. El tick del otro precio apunta hacia la derecha, mientras que el tick del precio de apertura apunta hacia la izquierda (para indicar que se originó en el pasado).

Los gráficos de velas son especialmente apreciados por los operadores principiantes que acaban de iniciarse en el análisis técnico.

Línea

En un gráfico lineal, la línea que une los puntos de datos suele trazarse a partir del precio de cierre de cada período.

Área

Un gráfico de área es un gráfico de líneas con la región que se encuentra debajo coloreada. De este modo, se puede ver el movimiento del precio en relación con un gráfico lineal.

Heiken-Ashi

En los gráficos Heiken-Ashi se utilizan velas como medio de trazado, pero se emplea una definición matemática distinta del precio. Los precios se suavizan para representar mejor el movimiento tendencial del mercado en lugar de la técnica convencional de velas traducidas a partir de criterios fundamentales de apertura-alta-cierre-bajo:

(Apertura de la barra anterior + Cierre de la barra anterior) / 2 = Apertura

(Apertura + Máximo + Mínimo + Cierre) / 4 = Cierre.

Máximo de Máximo, Apertura o Cierre = Máximo

Mínimo de Mínimo, Apertura o Cierre = Mínimo

Los gráficos de negociación pueden evaluar periodos que van de 1 minuto a 1 hora o incluso 8 horas, en función de los objetivos. A los operadores de Forex les gusta especialmente el marco temporal de 8 horas.

Reconocer los niveles de soporte y resistencia

Para operar en el mercado financiero, los operadores emplean diversas estrategias. Una de las tácticas más populares es el reconocimiento de patrones. Además, utilizar bien el soporte y la resistencia te beneficiará enormemente.

Anteriormente en este capítulo, cubrimos la característica del análisis técnico. La acción del precio implica precisamente esto, mirar los gráficos e identificar patrones, y es otra estrategia de negociación popular.

¿Y adivina qué más es un elemento común de la acción del precio y el análisis técnico? Sí, se utilizan tanto la resistencia como el soporte. A continuación, examinaremos la definición y las aplicaciones prácticas de este enfoque.

¿Qué es el soporte y la resistencia?

Los operadores del mercado financiero buscan patrones para predecir acontecimientos futuros y encuentran muchos patrones en los que fijarse. Por ejemplo, utilizan patrones de velas como el vespertino, el matutino y el Doji para pronosticar acontecimientos futuros.

Los niveles de soporte y resistencia son aquellos que un activo financiero encuentra difícil de cruzar.

Un nivel de demanda considerado tan fuerte que impide que un precio caiga por debajo se denomina soporte. Una divisa u otro activo financiero puede tener dificultades para atravesarlo.

El razonamiento es sencillo: Cuando el precio de un activo baja, es más probable que los compradores compren y que los vendedores vendan. Se cree que la oferta será superada por la demanda cuando el precio alcance el nivel de soporte.

Un nivel de soporte es lo contrario de un nivel de resistencia. Para evitar que el precio suba, se espera que las ventas sean especialmente vigorosas en este punto. Se cree que los vendedores estarán más motivados para vender y los compradores menos inclinados a comprar a medida que el precio sube hacia la resistencia.

Se cree que un nivel de resistencia actúa como un techo.

Niveles S&R - Cómo dibujarlos

Existen varios métodos para determinar los niveles de soporte y resistencia. La estrategia presentada anteriormente es la más fundamental. Conecta los niveles máximo y mínimo con una línea. Estas capas pueden trazarse en diagonal o en horizontal.

Otra estrategia consiste en considerar los niveles psicológicos (y todos somos conscientes de la importante influencia de la psicología en los operadores). Se trata de puntos que son muy importantes para los operadores. Por ejemplo, los niveles con números redondos son los favoritos de los operadores.

Uso del retroceso de Fibonacci

Utilizar la herramienta de retroceso de Fibonacci es otro método para determinar los niveles de soporte y resistencia. Basta con conectar los niveles más alto y más bajo de un activo para crear la herramienta. Los niveles críticos del retroceso serán los niveles de soporte y resistencia después de conectar estos puntos.

Números psicológicos

Por último, las cifras psicológicas pueden utilizarse como otro método para identificar soportes y resistencias. Por ejemplo, si una acción ha subido de $150 a $180, $190 y $200 serán los próximos niveles importantes de resistencia.

Debido a lo memorables que son, estos niveles suelen ser fuertes. Además, es común que los operadores establezcan allí sus niveles de take-profit y stop-loss.

Day trading con soportes y resistencias

Existen numerosas formas de aplicar el S&R. La mejor forma de operar es a través de un canal. Cuando el activo alcanza el nivel de soporte, el objetivo es comprar; cuando alcanza el nivel de resistencia, se está corto. Este enfoque funciona admirablemente.

Pero hay que estar atento a una ruptura. Una ruptura se produce cuando el precio supera los niveles de soporte y resistencia. Cuando se produce en el soporte, las bajas han ganado la batalla. Esto no implica que el precio siga avanzando en la dirección de la ruptura.

Cuando esto ocurre, se habla de una falsa ruptura.

Estrategias para soportes y resistencias

Paradas/Stops

Otra estrategia consiste en utilizar los niveles de soporte y resistencia para colocar un stop loss y un take profit. Un stop loss es un punto en el que se pretende mantener la pérdida mayor.

Todo operador diario profesional necesita una orden de take profit y stop loss. Lo que ocurrió en el sector de las criptodivisas en mayo de 2021 es un ejemplo fantástico. Los valores de la mayoría de las criptodivisas cayeron precipitadamente después de haber alcanzado un máximo histórico. En este caso, los operadores que no tenían un take-profit o un stop-loss sufrieron pérdidas significativas.

El uso de las órdenes pendientes

El uso de órdenes pendientes es otra estrategia de negociación muy popular cuando se utilizan soportes y resistencias. Para empezar, una orden pendiente es cuando instruyes a un corredor para comprar o vender un artículo en una fecha posterior.

Por ejemplo, si una acción de Apple establece un soporte firme en $116 y una resistencia en $135. Predecir si el precio de la acción subirá o bajará por encima o por debajo de la barrera es difícil.

En ese caso, podrías establecer un stop de compra en $137 y un stop de venta en $114. En este caso, la acción avanzará hasta $137, y se abrirá una nueva operación si rompe al alza. Del mismo modo, se negociará una orden corta si cae por debajo de $116.

Como resultado, en este caso, encontraste buenos puntos de entrada utilizando los niveles de soporte y resistencia. Las órdenes pendientes también son importantes porque sólo se abren cuando el precio las pone a prueba.

Pedido de ayuda

¡Saludos desde el apasionante mundo del day trading! Prepárate para un viaje estimulante en el que los juicios rápidos y los riesgos calculados pueden dar lugar a ganancias financieras. Estoy encantado de que me acompañes en esta salvaje aventura.

Hablemos ahora de la fuerza de tu voz. A medida que leas este libro, te invito a que compartas tus ideas, sabiduría y experiencias con quienes se inician en el day trading.

Piensa en el impacto que podría tener su reseña de este libro. Tus comentarios tienen el potencial de elevar, instruir y empoderar a otros operadores que podrían estar a punto de realizar sus primeras operaciones. Puedes animar y ayudar a otros a navegar por las turbulentas aguas del day trading compartiendo sus puntos de vista, las estrategias que han resonado contigo, o incluso los obstáculos a los que te has enfrentado.

Tu opinión puede ser el factor decisivo para alguien que se encuentra entre la incertidumbre, la confianza, la duda y la fe. Tu franqueza y tu deseo de compartir tu experiencia pueden inspirar a otros y asegurarles que el éxito es posible con trabajo duro y paciencia.

Piensa en cómo este libro ha afectado a tus conocimientos, modificado tu estrategia de negociación o incluso cambiado tu perspectiva. Tus palabras podrían dar a otra persona el momento "a-ha" que ha buscado. Tanto si acabas de empezar a leerlo como si estás en los últimos capítulos, tu punto de vista particular es importante. Tu evaluación actuará como un faro, iluminando el camino para otros que tomen tu lugar.

Así que, compañero day trader, te insto a que aproveches esta oportunidad de cambiar el mundo. **Compartir tu opinión puede inspirar a otros y ayudar a nuestra comunidad comercial a prosperar.** Podemos alcanzar mayores alturas como equipo y liberar el poder del day trading.

Agradecemos tu disposición a compartir tus conocimientos, opiniones y sugerencias. Hagamos que todos los que comiencen esta experiencia de day trading sean increíbles.

Nuestros mejores deseos de operaciones exitosas y prosperidad inquebrantable.

5

Estrategias de gestión de riesgos

El éxito de tus operaciones de day trading dependerá únicamente de tu capacidad para gestionar el riesgo. El secreto de tu éxito será un plan comercial para ganar dinero, independientemente de si deseas utilizar un método discrecional o sistemático.

Elegir tu tolerancia al riesgo financiero es el método más eficaz para el proceso.

Desarrollar un plan

Debes tratar el day trading como un negocio. Antes de empezar, debes conocer los fondos de inversión que pretendes dedicar a tus operaciones de day trading. Aunque esto podría cambiar en el futuro, debes empezar por algún sitio.

Una de las muchas y variadas técnicas de inversión de tu cartera que debes asignar es el day trading. Además, el dinero que utilices para el day trading debe ser discrecional, en lugar de destinarlo a necesidades como la alimentación y la vivienda.

Después de asignar fondos a tus actividades de day trading, puedes intentar decidir si emplearás una estrategia de inversión o varias para generar beneficios.

Pagan por arriesgarse

Te pagan por arriesgarte, tenlo en cuenta. Tu objetivo financiero en el day trading es ganar una prima sobre la tasa de rentabilidad sin riesgo. La cantidad que puedes ganar sin asumir riesgos es la tasa libre de riesgo.

Un bono del Tesoro de EE.UU. sirve de ejemplo. Recibirás la rentabilidad indicada y tendrás la plena confianza del gobierno de los Estados Unidos como prestatario si mantienes un pagaré a 1 mes durante todo el mes. Debes tener en cuenta algunas cosas a la hora de decidir cuánto dinero vas a destinar a tu actividad de day trading.

Asignación del capital

¿Utilizarás sólo una técnica de day trading con todos tus fondos? ¿O pensarías en utilizar varias estrategias? ¿Utilizarás estrategias puramente opcionales? ¿O sólo automáticas y sistemáticas? ¿Serás el único que opere en tu cuenta? ¿O piensas delegar la gestión del dinero en otra persona?

La directriz fundamental es evitar poner todos los huevos en la misma cesta. La diversificación es una idea teórica.

Según esta teoría, diversificar tu cartera de inversiones reduce la probabilidad de que un método falle y te obligue a dejar de operar durante el día.

Por lo tanto, es más probable que tengas éxito en el day trading si tienes tres estrategias rentables y una perdedora.

Gestión de riesgos para distintas estrategias

Las estrategias de inversión diaria pueden dividirse en dos categorías principales: discrecionales y sistemáticas/automatizadas. Además, puedes mezclar ambas. Puedes ignorar las señales que suelen dar lugar a una oportunidad de negociación cuando utilizas un método discrecional.

Una estrategia sistemática implica entrar en una operación cuando se detecta una señal y gestionar automáticamente el riesgo en función de criterios establecidos.

Estrategias para el Day Trading Discrecional

Antes de colocar tu operación, debes establecer tu estrategia de gestión de riesgos si tienes intención de emplear la discreción. Aunque no es necesario aplicar la misma estrategia de riesgo-recompensa a todas las operaciones, hacerlo puede ser beneficioso.

Gestión del riesgo para operadores diarios sistemáticos

Evitar anular una alerta comercial forma parte de un enfoque sistemático de la negociación diaria. El empleo de esta estrategia elimina algunos factores humanos que podrían obstaculizar el éxito de la estrategia. La gestión del riesgo de un enfoque sistemático puede comprobarse para ver si ha tenido éxito en el pasado.

El uso de un enfoque sistemático tiene varias ventajas. Las pruebas retrospectivas de una muestra de datos pueden proporcionarte la seguridad que necesitas para poner en marcha una estrategia de trading. Cuando tengas confianza en una estrategia de trading diario que haya sido sometida a pruebas retrospectivas, asegúrate de probarla utilizando datos en tiempo real antes de empezar a apostar dinero real en ella.

Además, es posible que desees pensar en establecer una cuenta de operaciones de papel para poner a prueba el enfoque y asegurar el éxito.

Cómo medir el riesgo

El riesgo es la cantidad de fondos que podrías perder en una operación. No es la pérdida real, sino lo que podría haber sido la pérdida real. Si decides cuánto estás dispuesto a perder, podrás evaluar las pérdidas con mayor precisión.

Antes de colocar la operación, debes saber dónde salir de ella mediante los niveles de stop loss y take profit.

Reducirás tu riesgo con sólo seguir este método. Los operadores que no crean un plan se encontrarán con circunstancias imprevistas y no tendrán un plan para manejarlas. Tu riesgo dependerá de los resultados de tu planteamiento.

Diferentes tipos de rendimientos de la estrategia

Para lograr beneficios constantes, debes ganar más operaciones de las que pierdes o ganar más en las operaciones ganadoras de lo que pierdes en las perdedoras.

La cantidad que ganes puede ser igual o ligeramente inferior a la que pierdas si tu negocio gana más dinero del que pierde.

Por el contrario, si la estrategia que pretendes utilizar producirá más perdedoras que ganadoras, la ganancia de las transacciones exitosas debe superar la pérdida de las transacciones fallidas.

Así son las matemáticas

Supón para esta discusión que pretendes ejecutar 9 operaciones diarias en todos los valores que negociarías. Si ganas más a menudo de lo que pierdes, puedes permitirte ganar $100 ($500 por 5 ganancias menos $400 por 4 pérdidas) para obtener un enfoque rentable.

Por otro lado, si pierdes más de lo que ganas a lo largo de las mismas nueve operaciones, necesitarás ganar más de lo que pierdes en cada operación para ser rentable (4 ganadoras a $200 cada una = $800 - 5 perdedoras a $150 cada una = $750).

Esta estrategia puede utilizarse para crear una relación recompensa-riesgo. Esto te permitirá evaluar la viabilidad a largo plazo de tu idea. Si tu estrategia de gestión del riesgo no resulta viable desde el punto de vista financiero, deberás ajustar el plan hasta que encuentres uno que sí lo sea.

He aquí algunas estrategias

Los niveles exactos de stop loss y take profit pueden determinarse de varias formas para crear una estrategia de gestión del riesgo. El objetivo de las operaciones diarias es cerrar las posiciones antes de que acabe el día.

Esto implica que debes conocer el movimiento diario de cada valor con el que pretendas operar.

Determinar la volatilidad diaria del producto puede ser tu primer paso en la negociación. Esto puede ayudarte a comprender cuánto dinero esperas ganar o perder cada día de media. Puedes realizar tus cálculos o buscarlos en Internet.

Puedes buscar la cantidad en pips o en % si opera en divisas. La volatilidad en el comercio de acciones puede expresarse en dólares.

Elegir un Stop Loss

Formular tu nivel de stop loss es un buen comienzo a la hora de calcular tu relación rentabilidad-riesgo. Puedes fijar tu nivel de stop loss en el 1% para cada operación. También puedes fijarlo por debajo de un punto del gráfico o de un umbral financiero.

Uno de los cálculos más sencillos es la rentabilidad en porcentaje. Identificar la viabilidad de tu estrategia de negociación debería ser tu primer paso. El back-testing es la forma más eficaz de conseguirlo. Incluso manualmente, puedes comprobar si ha funcionado anteriormente. La prueba en tiempo real de tu estrategia sería la siguiente etapa. En lugar de un porcentaje, puedes sustituirlo por una cantidad en dólares y seguir utilizando el mismo procedimiento.

Cómo utilizar el análisis técnico

Muchos operadores suelen utilizar el análisis técnico para decidir dónde entrar o salir de una posición utilizando los niveles de soporte y resistencia.

Puedes pensar en emplear líneas de tendencia o medias móviles para localizar niveles de soporte y resistencia que te ayuden a elegir el lugar ideal para establecer take profit y stop loss. Un operador podría vender oro en corto, fijando un stop loss en la media móvil de 50 periodos y take profit en una línea de tendencia ascendente.

Considera la posibilidad de utilizar un oscilador de impulso en tus operaciones, como el índice de fuerza relativa (RSI), que genera niveles de sobrecompra y sobreventa. Como desencadenantes de la gestión del riesgo, esto podría funcionar conjuntamente con los niveles de soporte y resistencia.

Por ejemplo, puedes comprar cuando el RSI entre en la zona de sobreventa y obtener beneficios cuando alcance la media móvil de 50 periodos. Una línea de tendencia ascendente u horizontal podría servir como stop loss.

Otra opción es utilizar una banda de Bollinger. Las bandas de Bollinger utilizan la volatilidad (la desviación estándar) para establecer el rango más reciente. Para los datos intradía, puedes modificar las bandas de Bollinger, lo que podría ayudarte a determinar tus niveles de take-profit y stop-loss.

Por último, debes crear una estrategia de gestión del riesgo para operar con éxito en los mercados. Antes de realizar una operación, debes tener un plan en marcha. El day trading implica riesgos, pero las recompensas potenciales deberían compensar esos riesgos.

Utilizar numerosas estrategias de day trading es una forma de evitar que una estrategia de day trading destruya toda tu operación de day trading. Tus posibilidades de arruinarte se reducirán con la ayuda de esta diversificación.

Además, existen varias definiciones para la gestión del riesgo. Puedes emplear técnicas sencillas como el porcentaje de ganancia o pérdida de una operación. También puedes emplear estrategias de análisis técnico para determinar tus puntos de entrada y salida.

Realiza un cálculo de riesgo/recompensa antes de empezar a operar. Esto te permitirá evaluar tus objetivos financieros en relación con el riesgo que vas a asumir. Recuerda que te compensa asumir riesgos por encima de la rentabilidad del riesgo.

Debes darte cuenta de que no todas las operaciones tendrán éxito. Se trata de desarrollar una estrategia que se ajuste a tu plan de gestión de riesgos y te permita desarrollar un enfoque rentable de la negociación diaria.

6

Estrategias de day trading en acciones y ETFs

En el mercado se pueden negociar diversos instrumentos financieros. Las acciones, las materias primas, los bonos y los fondos cotizados (ETF) son activos cruciales. Qué negociar y cómo hacerlo depende de tus objetivos y estilo de negociación. Sin embargo, nada te impide diversificar tus inversiones.

Este capítulo examinará en profundidad los ETF y las acciones, incluyendo qué son y cómo operar con ellos de forma rentable.

ETFs de day trading

Aquí hablaremos de cómo el day trading con ETFs puede ayudarte a incrementar rápidamente una pequeña cuenta. Los

ETFs pueden ser una de las mejores y más seguras formas de beneficiarte continuamente de los mercados financieros cuando se utilizan con el enfoque adecuado.

Los ETFs son herramientas financieras flexibles que funcionan con todas las filosofías de trading. Esto implica que puedes empezar a operar con ETFs, ya sea day o swing. Puedes obtener algunos beneficios de la negociación con ETF gestionando el riesgo que conlleva.

Analizaremos las ventajas de incluir ETF en tu cartera de negociación e inversión. Sin embargo, también hablaremos del riesgo de los ETF (fondos cotizados).

Creemos que esta guía paso a paso sobre los ETF te resultará útil si no estás familiarizado con la operativa con ETF o no sabes muy bien cómo hacerlo.

¿Qué son los ETF?

Los fondos cotizados en bolsa (ETF) son productos financieros que se negocian en las bolsas estadounidenses y se crean para seguir el precio de una determinada cesta de activos. Operar con ETF funciona exactamente igual que con acciones.

Algunas de las mejores cualidades que ofrecen las acciones y los fondos de inversión se consolidan en los ETF. La mayoría de los ETF cotizan en bolsas en participaciones similares a las acciones y su objetivo es seguir un índice de referencia. Cada clase de activo importante tiene un ETF, incluidas las acciones, los bonos, las materias primas y el efectivo.

Por ejemplo, el SPDR S&P500 ETF (SPY) sigue el índice S&P500. Los ETF ofrecen una forma más asequible de exponerse a un mercado que, de otro modo, sería muy difícil de negociar.

Por ejemplo, un inversor tiene varias opciones adicionales para invertir en oro. Puedes comprar monedas de oro, lingotes o contratos de futuros. Sin embargo, se trata de medios complicados, lentos y caros de comprar oro.

La opción más barata y sencilla para Joe es comprar acciones de un fondo cotizado en bolsa de oro, o ETF, como GLD, que sigue el precio del oro. Joe puede realizar esta tarea más rápidamente y por mucho menos dinero.

Si la bolsa sube, puedes comprar un índice bursátil como el Dow Jones. O bien compra las 30 empresas que componen el índice Dow Jones, que puede ser muy caro, o bien compra contratos de futuros del DJIA.

Adquiere acciones de un ETF que siga al Dow Jones, como el ETF DIA, si deseas hacerlo por un coste mucho menor.

Los ETF son ideales para el day trading debido a su alto nivel de volatilidad. A continuación, nos gustaría explicarte cómo funcionan los ETF de day trading.

ETFs de day trading

Debido a la extrema volatilidad de este mercado, el day trading es una de las mejores estrategias para operar con ETFs. Esto indica que puedes comprar y vender ETF en cualquier momento de la negociación. Existen varios fondos cotizados (ETF), pero los mejores ETF para day trading son el iShares MSCI Emerging Markets ETF (EEM), el ProShares VIX Short-Term Futures ETF (VIXY), el Gold Miners ETF (GDX) y el ProShares VIX Short-Term Futures ETF (VIXY).

Estos ETF se encuentran entre los 5 más negociados de EE. UU.

Puedes encontrar posibilidades increíblemente lucrativas a corto plazo utilizando un fondo cotizado ETF. Sin embargo, la probabilidad de ganar dinero con ETFs en day trading es bastante escasa. Por este motivo, debes respetar algunas restricciones a la hora de jugar.

Antes de continuar, siempre aconsejamos sacar papel y bolígrafo para anotar las directrices para operar con ETF.

En esta parte, examinaremos el proceso de compra de ETFs.

Paso 1 - Seleccionar el ETF correcto para day trading:

El más conocido y el primer ETF cotizado en el mercado estadounidense es el SPY ETF o SPDR S&P 500 ETF. Dado que SPY es el fondo con más AUM y mayor volumen de negociación, nos gusta operar con él durante el día. El S&P 500, el índice bursátil más apreciado del mundo, es seguido por el SPY ETF.

Estas son justificaciones suficientes para que seleccionemos SPY ETF como la mejor opción para nuestro método de day trading ETF. Contrariamente a la creencia popular, no todos los fondos cotizados son iguales.

Si no estás seguro de cuál operar, quédate con el SPY ETF, que es el que goza de mayor credibilidad. Ahora discutiremos las pautas de day trading que debes seguir para operar con el SPY de manera rentable.

Paso 2 - Aplicar la media móvil de 50 periodos:

Uno de los indicadores más utilizados en el mercado bursátil es la media móvil de 50 periodos. Muchos operadores e inversores experimentados utilizan la media móvil de 50 periodos como referencia psicológica para evaluar el sentimiento del mercado.

La media móvil de 50 periodos tiene mayor importancia para el movimiento de los precios porque los operadores la utilizan a menudo. Por esta razón, combinamos la 50 MA con el rango de negociación de apertura.

Veamos cómo combinar la 50 MA y el rango de apertura.

Paso 3 - Sólo introducir operaciones después de las 10:00 AM ET:

Preferimos concentrarnos en el rango de negociación inicial cuando operamos con ETFs. El mayor volumen se produce durante la sesión AM porque el dinero inteligente suele entrar en el mercado.

Podemos evitar pasarnos todo el día mirando el gráfico concentrándonos únicamente en la sesión inicial y operando sólo con dinero institucional.

El horario habitual de negociación del fondo SPDR S&P 500 comienza a las 9:30 AM ET. Sin embargo, nos gusta esperar y ver qué hace el dinero inteligente durante los primeros 30 minutos tras la apertura.

Aprovechar estas oportunidades durante la parte más volátil del día de negociación es la clave para tener éxito en el day trading de ETFs apalancados.

Paso 4 - El precio debe permanecer por encima de la 50-MA y abrir dentro del rango de los anteriores 5 días:

Buscamos que el precio se mantenga por encima de la importante media móvil de 50 tras examinar cómo se comporta el mercado a lo largo de los primeros 30 minutos de la sesión de apertura.

Un segundo requisito es que el SPDR S&P 500 ETF abra en la mitad superior del rango de cotización de los 5 días anteriores. Marca en tu gráfico el precio más alto de ese rango de negociación junto con los cinco días de negociación anteriores.

Es seguro comprar SPY si, el sexto día, abrimos cerca del precio más alto y mantenemos una posición por encima de la 50 MA.

Esto nos lleva a la siguiente decisión crucial a la hora de operar con ETFs: dónde colocar nuestro stop loss de protección.

Paso 5 - Reducir tu Stop Loss en 0,25 $ a partir de la media móvil de 50:

El stop loss para este método de trading diario automatizado se fija en 0,25$ por debajo de la media móvil 50. Las subas son bastante débiles si SPY rompe por debajo de la MA 50 después de la apertura. Esta lectura técnica, en nuestra opinión, es crucial para el day trading.

Entre otras cosas, debemos especificar dónde tomamos nuestros beneficios.

Paso 6 - Tomar ganancias si SPY avanza $1:

Esta idea de operación se basa en nuestra experiencia de que hay una posibilidad muy fuerte de que el ETF SPY aumente al menos $1 si se cumplen todas las condiciones anteriores. Si tu objetivo de ganancias no se cumple a las 4:00 PM ET, cierra manualmente la posición.

Los ETFs de day trading ofrecen opciones de inversión sencillas y son menos costosos que la mayoría de los instrumentos financieros. Si deseas beneficiarte de la volatilidad intradía, no descartes el potencial de los ETF apalancados.

Day trading de acciones

El day trading de acciones consiste en especular con las cotizaciones bursátiles en un solo día de negociación. Un day trader intenta ganar dinero con las breves subidas y bajadas del precio de las acciones de una empresa.

Los operadores diarios suelen mantener posiciones de unos minutos a unas horas, rara vez más de un día, ya que su enfoque de negociación es a corto plazo.

¿Por qué hacer day trading con acciones o valores?

Hay miles de acciones disponibles para negociar, lo que presenta casi constantemente oportunidades de negociación. Muchas personas ya saben lo que está pasando con una acción, como Apple o Tesla, e intentarán utilizar ese conocimiento para predecir la dirección del precio de la acción.

El objetivo principal del day trading con acciones es intentar ganar dinero apostando por el movimiento del precio de las acciones de una empresa. Esto no implica que sea sencillo;

es quizá una de las estrategias más difíciles para operar con acciones.

Cómo encontrar acciones de calidad para day trading

Aunque existen numerosas estrategias para operar en bolsa durante el día, todos los operadores comparten algunos rasgos. Determinar lo que funciona para ti es crucial porque cada operador tendrá una estrategia diferente.

Sin embargo, la mayoría de los day traders examinarán varios factores para encontrar buenas acciones de day trading. Entre ellos se incluyen las noticias, la volatilidad y la liquidez.

1. Volatilidad:

La alta volatilidad puede asustar a muchos inversores a largo plazo, ya que las fuertes oscilaciones de los precios pueden dar lugar a variaciones significativas de los beneficios o las pérdidas. Sin embargo, la alta volatilidad es crucial para los operadores diarios, ya que intentan hacer apuestas sobre las importantes fluctuaciones de precios que pueden producirse en esos periodos.

Los operadores pueden apostar sobre la dirección de los precios y ganar potencialmente de las subidas y bajadas de los mercados utilizando productos como CFD o contratos por diferencia. Admirals pone a tu disposición un mapa térmico de los mercados que te permitirá encontrar los valores que más han subido hoy, en las últimas 24 horas y ayer.

Los valores de alta volatilidad son mejores para los operadores diarios, ya que pueden moverse más durante la negociación. Las acciones de baja volatilidad y las acciones con poco movimiento diario pueden ser un reto para los operadores diarios.

Esto se debe a que los operadores diarios se enfrentan a los costes de la negociación, como el diferencial y las comisiones, al tiempo que intentan beneficiarse de los movimientos del mercado durante el día. El beneficio potencial aumenta en proporción directa al movimiento de una acción.

2. Liquidez:

La capacidad de entrar y salir rápida y fácilmente de una posición es la liquidez de una acción. Un valor de gran volumen o liquidez indica que hay más compradores y vendedores interesados en él. Los diferenciales más bajos (la diferencia entre el precio al que alguien está dispuesto a comprar o vender) son otra ventaja de que haya más compradores y vendedores participando en una acción.

Valores muy conocidos, como Amazon y Tesla, suelen tener mayores volúmenes y menores diferenciales, ya que se negocian con frecuencia. Los operadores pueden optar por excluir de sus resultados de búsqueda las acciones con un volumen de al menos 1 millón de acciones al día.

3. Noticias:

Las noticias también pueden tener un gran impacto en el volumen y la liquidez de una acción. Debido a la posibilidad de que se produzcan movimientos importantes en los precios, muchos operadores diarios intentan hacer coincidir sus operaciones con la publicación de los resultados. Esta volatilidad imprevista puede hacer que tu operación alcance antes el stop loss.

Los precios pueden sobrepasar tu stop loss si se mueven tan rápidamente, lo que significaría una pérdida mayor. Cuando se trata de operar en torno a las noticias y los beneficios, es crucial mantener el riesgo al mínimo porque existe la posibilidad de que pierdas todo tu dinero.

¿Qué hora del día es la mejor para operar en bolsa?

El mercado bursátil no está abierto las 24 horas del día, como el mercado de divisas, lo que es una distinción importante que hay que recordar. Esto implica que los precios de las acciones pueden fluctuar más a determinadas horas del día.

Para modificar, abandonar o entrar en una posición antes de que el mercado de valores cierre por la noche, los operadores e inversores pueden tener que actuar tan pronto como las acciones estén disponibles para su negociación. El mercado puede tener movimientos de precios menores a lo largo del día de negociación, pero la negociación sigue estando permitida.

Estrategias para hacer day trading con acciones

Existen varias estrategias para operar en bolsa durante el día. Esto incluye:

- **Trading de tendencias** - Identificar la tendencia de un valor y operar únicamente en esa dirección es lo que se conoce como trading de tendencias.
- **Trading de ruptura** - Esta técnica consiste en detectar un periodo en el que el precio de una acción fluctúa y, a continuación, negociar el precio cuando atraviesa este intervalo.

- **Trading de noticias** - Se trata de negociar la acción de los precios impulsada por acontecimientos a partir de anuncios de noticias inesperadas, que producen la mayor volatilidad.

- **Trading de brecha** - Operar en el mercado tras una brecha depende de si la misma representa una continuación de la tendencia o una brecha de agotamiento.

Examinemos las dos categorías principales de estrategias de negociación diaria.

1. Tendencias en day trading:

La media móvil es una estrategia empleada con frecuencia para determinar la tendencia de un mercado. Muestra el precio medio del mercado durante un tiempo. Además de proporcionar regiones de soporte y resistencia donde el precio puede cambiar, esto puede ayudar a suavizar los datos de precios para ayudar a identificar la tendencia general.

Es posible que hayas notado que el precio rebotó o rompió a través de la EMA durante este período. Las oscilaciones de precios subsiguientes han sido bastante pequeñas o extremadamente sustanciales cuando el precio ha rebotado.

Los operadores diarios pueden utilizar esto como trampolín para desarrollar una estrategia. Muchos operadores diarios pueden aumentar el número de indicadores y patrones de acción del precio para encontrar pistas adicionales sobre la posible aparición de compradores o vendedores.

Debes analizar y procesar toda la información posible para aumentar tus posibilidades de éxito. Pero, aun así, habrá operaciones perdidas, así que gestiona tu riesgo con prudencia.

2. Brechas en day trading:

Cada día, las condiciones del mercado cambian. Las jornadas pueden fluctuar entre un mercado muy tendencial y otro muy oscilante. Cuando se negocia a corto plazo, estas situaciones son cada vez más frecuentes.

Una acción puede moverse en un rango lateral cuando no está en tendencia. Un rango de negociación, o consolidación, es el movimiento del precio entre una línea de resistencia horizontal superior y una línea de soporte horizontal inferior.

Los operadores diarios podrían utilizar estos rangos para tratar de negociar una ruptura.

Los operadores diarios podrían tratar de negociar el precio cuando emerge de la consolidación, normalmente moviéndose en la dirección de la tendencia que le precedió. Los operadores pueden esperar a que una barra cierre primero fuera del rango de negociación para evitar falsas rupturas.

Por último, es difícil fijar los niveles de stop loss y take profit. Este análisis puede requerir más recursos. Encontrar máximos y mínimos oscilantes para la colocación de stop loss y niveles de soporte y resistencia de periodos superiores para los objetivos son dos ejemplos de cómo hacerlo.

En primer lugar, es aconsejable realizar operaciones diarias con acciones en una cuenta de práctica para perfeccionar tus habilidades y adquirir experiencia. Desarrollar mecanismos de afrontamiento para manejar las emociones relacionadas con las ganancias y las pérdidas es más crucial.

7

Estrategias de Day Trading para Forex, Opciones, Futuros y Criptomonedas

Abrir y cerrar posiciones durante el día de negociación forma parte del scalping. Se trata de una estrategia de negociación muy popular en la que se compra y se vende a lo largo de un solo día de negociación para beneficiarse de los cambios de precio en minutos.

Otra estrategia de negociación a corto plazo es el day trading, pero a diferencia del scalping, normalmente sólo se realiza una operación al día y se cierra al final de la jornada.

Estos operadores disfrutan eligiendo un bando al comienzo del día, operando según su tendencia y cerrando la jornada con una ganancia o una pérdida. ODIAN mantener sus operaciones abiertas durante la noche.

Los operadores de Forex con tiempo suficiente a lo largo del día para evaluar, ejecutar y supervisar una operación son los más adecuados para el day trading.

La mayoría de las veces, los operadores diarios basan sus decisiones en el análisis técnico. La acción del precio a corto plazo se supervisa para encontrar las mejores posiciones de entrada y salida.

El day trading puede ser para ti si crees que el swing trading es demasiado lento y el scalping demasiado rápido.

Estrategias de day trading en Forex

Estrategias de negociación tendencial

La mayoría de los nuevos operadores utilizan estrategias de trading tendenciales. Dado que los mercados se mueven en línea con las tendencias dominantes el 80% de las veces, buscar oportunidades de negociación en esa dirección suele considerarse la estrategia más fácil y fiable.

Cuando se utilizan técnicas de negociación de tendencias, el operador busca cambios repentinos y negocia en cantidades significativas que se muevan en la dirección de la tendencia. La tendencia es tu amiga, como suele decirse.

Dado que las operaciones intradía se citan a veces como la forma más rápida de obtener beneficios en el mercado de valores, últimamente han atraído mucha atención.

El hecho de que esta estrategia de negociación en particular sea compleja y requiera un seguimiento continuo del mercado es algo que la mayoría de las recomendaciones pasan por alto. Aunque tiene un alto nivel de riesgo y no es apropiada para todos los operadores, la negociación diaria de divisas puede ser extremadamente rentable.

Estrategias de trading a contratendencia

El consenso generalizado es que la contratendencia es una estrategia de trading más sofisticada, más adecuada para operadores experimentados.

El operador tendría que predecir el final de la tendencia actual y disponer del tiempo y la disposición necesarios para beneficiarse del cambio de tendencia a fin de ejecutar con éxito las estrategias de trading a contratendencia.

Un operador contratendencia debe ser muy preciso a la hora de detectar cambios (temporales) en la dirección de la tendencia y predecir la magnitud del movimiento resultante.

Operar en contra de la tendencia implica análisis técnico, experiencia y conocimientos sobre el movimiento de los precios.

Los operadores diarios de Forex interesados en probar estas estrategias de negociación pueden familiarizarse con los fundamentos de la contraoperación utilizando una cuenta de demostración o un simulador de operaciones. Pueden desarrollar sus habilidades en un entorno libre de riesgos.

Day trading de opciones

La práctica de hacer day trading con opciones es bastante común. Aquí se negocian contratos de opciones semanales. Buscan la oportunidad ideal y se benefician de la tendencia reciente de una acción.

El day trading de opciones consiste en comprar contratos de opciones semanales a corto plazo y venderlos el mismo día, a menudo en un plazo de entre unos segundos y unos minutos. La mayoría de las veces, los operadores compran contratos para la última semana o dos antes del vencimiento, ya sea "at the money" o con un strike "in the money". Debido a los precios más bajos, los clientes suelen comprar productos con vencimiento el mismo día.

Es fundamental contar con un gran volumen, liquidez, diferenciales estrechos y un interés abierto significativo cuando se hace day trading de opciones. Seguir adelante es esencial si no cumplen ese requisito. Revisar el ATR (Average True Range) antes de realizar la operación también es beneficioso.

Desglose

Cuando compras una opción, puedes comprar o vender un valor a un determinado precio de ejercicio (precio de la acción), pero no estás obligado a hacerlo. Esto indica que puedes comprar 100 acciones del título subyacente al contrato de opciones. Los contratos de opciones no se pueden mantener indefinidamente porque vencen.

Como simplemente los estamos tirando como una patata caliente, nos importa un bledo. O similar a un juego de sillas musicales. Pronto podrás ver cómo se aplica este paralelismo.

A menudo hacemos day trading con dos estrategias de opciones diferentes. Se trata de opciones de venta y de compra "desnudas". Si crees que la acción subirá, compra una opción de compra; si crees que bajará, compra una opción de venta. Cuando el precio de la acción cambia en la dirección de tu opción de compra o de venta, tú obtienes beneficios. Esto es beneficioso para el day trading.

El componente "desnudo" indica que sólo compras una opción de compra o de venta y que no posees acciones en el momento de la compra. Por lo tanto, entra en el mercado y negocia el contrato como cualquier otra acción.

Selección del precio de ejercicio adecuado

Debes elegir un precio de ejercicio y una fecha de vencimiento para las estrategias de day trading de opciones para situarte en una zona de beneficios cuando se muevan las acciones.

Suele ser menos costoso elegir una fecha de vencimiento cercana al día del mes en el que estás operando que una a una o dos semanas de distancia. Sin embargo, eso no significa necesariamente que esa sea la fecha de vencimiento en la que debes operar.

Además, tendrás que decidir si quieres estar “in” o “out of the money”. Puedes utilizar un gráfico de opciones, como el de ThinkorSwim o Interactive Brokers, para ayudarte a operar con opciones de compra y venta.

La mayoría de los corredores ofrecen un gráfico de opciones de compra y venta que muestra el rendimiento de la opción en un gráfico de velas. Son plataformas excelentes para practicar la negociación de opciones sobre papel.

Negociación de opciones ITM

Una opción de compra está "in the money" si el precio de ejercicio no es superior al precio de mercado. Si el precio de ejercicio de una opción de venta es superior al precio de mercado, la opción está "in the money".

Se está "out of the money" cuando el precio de ejercicio de la opción de venta es inferior al precio de mercado y el precio de ejercicio de la opción de compra es superior. Para el day trading, la elección del precio de ejercicio es crucial; hablaremos de ello más adelante.

Encontrar la tendencia del día, el soporte y la resistencia es el primer paso en el day trading de opciones.

La tendencia es tu amiga. Y la opción que elijas dependerá de la tendencia que observes. También ayuda a determinar el precio de ejercicio que deseas en ese día concreto. Tanto la oposición como el soporte son cruciales.

Si vas a comprar una opción de compra, compra en el soporte y vende en la resistencia. Si estás comprando una opción de venta, debes comprar en la resistencia y vender en el soporte. En el capítulo anterior, hablamos de trazar líneas de tendencia o de identificar soportes y resistencias.

Day trading de opciones y volatilidad

Escoger una acción volátil es otra cosa que aconsejamos cuando se aprende a hacer day trading de opciones para obtener ingresos. No una acción que cotice lateralmente, sino una que se mueva.

Dado que los precios de las opciones pueden depreciarse rápidamente, la negociación diaria de opciones difiere de la negociación diaria de acciones. Debido a la función de valor temporal de la opción (theta), las opciones son activos que se deterioran.

Incluso un movimiento de diez o veinte céntimos puede ser rentable para una acción. Obtendrás más beneficios de las opciones cuanto más esté la acción "in the money" o "into the money".

Cuanto mayor sea el rango de una acción, más oportunidades tendrán los operadores de opciones de negociarla. Esto se debe a que mueve dólares cada día en lugar de centavos.

Eso no quiere decir que una acción con un precio más bajo no vaya a ganar dinero; sin embargo, probablemente necesitarías comprar más contratos de opciones para hacerlo.

¡El ATR es Vital!

Observo diariamente algunas acciones más caras porque suelen moverse al menos 5 dólares. El riesgo de una acción más cara es que su precio de ejercicio es más alto que el de una acción con un precio más bajo.

Debes estar preparado para poner el dinero y aceptar la posibilidad de perderlo. Una herramienta de escaneo es un método estupendo para localizar las acciones con un ATR (rango medio real) de 3 o más con las que nos encanta operar con opciones.

Si tienes una cuenta de margen, estás acabado para la semana después de alcanzar el número máximo de operaciones de la regla PDT que se te permite ejecutar. Sin embargo, si dispones de un saldo en efectivo, puedes operar continuamente hasta que te quedes sin dinero.

Puedes repetir el proceso una vez que tu dinero se haya liquidado durante la noche (T-1). semanal, cinco días. Por lo tanto, si sólo operas con opciones y tiene $5.000 en tu cuenta, puedes operar con $5.000 hasta que se agote tu poder adquisitivo. Al día siguiente, puedes repetir el proceso.

Establecer objetivos

El day trading de opciones puede ser bastante rentable en poco tiempo. Por lo tanto, es algo que puedes hacer para ganar dinero.

Primero debe decidir cuánto dinero quieres ganar esa semana o ese mes. A continuación, prueba tus habilidades en una cuenta de práctica antes de utilizar dinero real.

Puedes aprender lo que tienes que hacer para lograr tus objetivos y qué errores cometes que te impiden alcanzarlos escribiéndolos. Analiza por qué las cosas salieron mal cuando lo hacen para que haya un flujo constante de dinero.

Habrá días en los que tengas éxito, quizás incluso más. Del mismo modo, habrá días en los que pierdas. Cortar rápidamente tus pérdidas reduce cualquier daño a tu cuenta de corretaje. Proteger tu capital es siempre una buena idea. Opera a la defensiva.

Apertura del mercado

Por lo que sabemos, los precios de las acciones son más erráticos justo antes de la apertura. Sin embargo, conviene esperar unos minutos antes de lanzarte. Primero deben definir su dirección e impulso.

A menudo hemos comprado una acción porque parecía moverse en una dirección, sólo para dar la vuelta y moverse en la dirección opuesta durante el resto del día.

Si se trata de una de esas acciones erráticas, normalmente puedes entrar y salir durante el día sin tener que atenerte a la molesta regulación PDT.

Alternativamente, puedes esperar a que determine su curso, entrar y aguantar hasta que sientas que ya no puede ir más lejos. Este es nuestro método preferido. A continuación, crea tus líneas de tendencia y canales para determinar cuándo tomar beneficios.

Esto se debe a que la negociación de diferenciales de crédito tiene una mayor probabilidad de éxito que la negociación de opciones desnudas. Dado que estás vendiendo opciones, las posibilidades de negociación son a tu favor. Como resultado, recibirás menos prima a medida que realices más operaciones con mejor probabilidad.

También puedes obtener ganancias significativas con los diferenciales de débito. Se encuentran entre la venta de diferenciales de crédito y la compra de opciones de compra y venta desnudas. Implican una combinación de compra y venta de "calls" o "puts" al comprar. Tu riesgo global en la operación se reduce gracias a la parte de venta del nivel de equilibrio del diferencial de débito.

Estrategias para los mercados de futuros y criptomonedas

Para empezar a operar con criptomonedas, necesitas tener algo de la divisa elegida, como Bitcoin, y la capacidad de intercambiarla.

El método más rápido para empezar es registrar una cuenta en una de las principales bolsas de criptodivisas centralizadas (como Binance o Coinbase), añadir fondos a tu cuenta en moneda fiduciaria/fiat y, a continuación, comprar la divisa de tu elección.

A partir de ahí, puedes empezar a operar con criptomonedas utilizando una de las estrategias que se enumeran a continuación.

Estrategias de Day Trading para Bitcoin

El trading se diferencia de las apuestas debido a una estrategia eficaz. Una estrategia inteligente puede marcar la diferencia entre unas cuantas rachas de mala suerte y unas ganancias constantes a largo plazo. Puedes emplear diversas estrategias de negociación en distintas situaciones en función del mercado y de tus habilidades.

Debes entender el mercado y determinar cuándo se debe utilizar una estrategia.

Aquí hay algunas estrategias de comercio de criptomonedas que puedes utilizar para aprender más sobre el day trading de criptomonedas.

Arbitraje

El arbitraje se produce cuando un operador compra una criptomoneda en una bolsa e instantáneamente la vende en otra a un precio superior.

Los pares de criptomonedas pueden facilitar las oportunidades de arbitraje. Cuando el precio de un par de criptomonedas, como Bitcoin y una altcoin menos conocida, fluctúa, los arbitrajistas pueden ganar dinero aprovechando la oportunidad de las disparidades de precios entre las bolsas. A pesar de ser un mecanismo financiero sofisticado que a menudo se automatiza mediante software de supervisión de precios, el arbitraje preserva la estabilidad de los precios de los activos digitales en muchas bolsas.

Bot de trading

Los inversores utilizan una herramienta de software automatizada denominada bot de trading o negociación para comprar y vender instrumentos financieros en momentos determinados o cuando se cumplen las condiciones para maximizar las ganancias. Los bots para operar con criptodivisas están pensados para aumentar las ganancias al tiempo que se reducen los riesgos y las pérdidas.

Los bots para el comercio de criptomonedas pueden agilizar el proceso de evaluación de los movimientos de precios, las comisiones de cambio y las oportunidades comerciales que podrían producir beneficios rápidos. Durante muchos años, los corredores de bolsa que se dedican a la negociación bursátil han confiado en gran medida en el software de bots de trading. Los traders familiarizados con la programación de software y las API deberían considerar su utilización como day trader.

Straddle largo

La compra de una orden de compra y venta constituye un straddle largo, ocasionalmente denominado compra, opción o simplemente straddle. La opción de compra utiliza la misma criptomoneda, precio de ejercicio y fecha de vencimiento, colocando las órdenes en un straddle largo.

Debido a la volatilidad del mercado de criptodivisas, el straddle largo es una estrategia comercial común. Al emplear esta estrategia, un day trader de criptodivisas apuesta por la dirección del precio de un activo. El day trader obtiene dinero tanto si el precio del straddle largo sube como si baja. Si el precio se mantiene igual, el operador incurrirá en pérdidas.

Negociación de alta frecuencia (HFT)

La negociación de alta frecuencia permite beneficiarse de las variaciones de precios que se producen en segundos o fracciones de segundo. La frecuencia en cuestión, que a menudo es del orden de docenas de operaciones por segundo, es inconcebible para un operador humano.

La negociación de alta frecuencia sólo puede realizarse con el uso de un programa informático conocido como bot de trading. El bot ejecuta continuamente operaciones basadas en la lógica de negociación especificada y mantiene un ojo en el mercado mientras esté conectado a la bolsa. Mediante el uso de una lógica de negociación específica, la negociación de alta frecuencia puede conectarse con una variedad de estrategias diversas.

Scalping

El scalping es una estrategia de trading que produce ganancias incrementales a partir de una serie de pequeñas operaciones, lo que da lugar a un beneficio mayor. El scalping utiliza mucha liquidez (dinero) para beneficiarse de pequeñas variaciones de precios durante un breve periodo de tiempo. El horizonte temporal puede ser tan corto como unos segundos o tan amplio como unas horas; sin embargo, suele ser de unos minutos.

Negociación por rangos

La negociación por rangos se basa en la idea de que, normalmente, durante un periodo determinado, los valores de las criptomonedas sólo fluctuarán dentro de un rango específico. La variación del precio fuera de ese rango se considera una señal de un cambio anómalo inminente en el precio. Por ejemplo, vender podría ser una buena idea si el precio cae por debajo del límite inferior del rango, ya que eso indicaría el comienzo de un gran movimiento a la baja.

Análisis técnico

La negociación estadística se basa en el análisis técnico. Se intenta encontrar patrones de mercado aplicando cálculos estadísticos a los datos históricos de precios. La negociación técnica se basa en el concepto de que los precios pasados tienen cierta relación con los precios futuros.

Análisis del sentimiento y noticias

Con una excepción significativa, el análisis de sentimiento y noticias es similar al análisis técnico en la predicción del comportamiento humano y las reacciones en lugar de los patrones de precios. Examinando varias fuentes de información, el análisis de noticias y sentimiento intenta predecir si la demanda de una criptomoneda específica disminuirá o aumentará. Analizando las fuentes, se intenta comprender el consenso social en torno a esa moneda y predecir lo que hará la gente. Estas cifras se han extraído de publicaciones en las redes sociales y de historias publicadas en medios de comunicación comerciales y convencionales.

Conclusión

Entender el day trading es todo un reto. Se necesita tiempo, habilidad y disciplina. Muchas personas que lo intentan pierden dinero; sin embargo, los enfoques y estrategias mencionados pueden ayudarte a desarrollar una estrategia que podría ser rentable.

Los operadores diarios individuales e institucionales contribuyen significativamente al mercado manteniendo la eficiencia y la liquidez. Es posible que puedas aumentar tus probabilidades de operar de forma rentable con suficiente experiencia, desarrollo de habilidades y evaluación periódica del rendimiento.

Este libro te ofrece una buena introducción al mundo del day trading. Pero es sólo una introducción, nada más. No esperes leerlo e invertir inmediatamente en los mercados a diario.

Aprender day trading no te llevará ni un día ni una semana. Incluso los traders con más éxito deben comprometerse a aprender durante toda su vida.

Tú tienes la suerte de tener acceso a una gran cantidad de recursos para aprender a operar en los mercados. A lo largo del tiempo se han creado numerosas estrategias que se han difundido a través de libros y seminarios, lo que te permitirá familiarizarte con diversos enfoques antes de decidirte por uno.

www.ingramcontent.com/pod-product-compliance
Lightning Source LLC
LaVergne TN
LVHW010843051026
849532LV00007B/2803
* 9 7 8 9 9 2 5 3 8 0 5 3 4 *